AF324386

L'ABBÉ HÉLARD

ANCIEN CURÉ DE RIENCOURT-LEZ-CAGNICOURT

ET DE SOUCHEZ

Décembre 1879.

M. l'abbé Jean-Baptiste HÉLARD

Ancien curé de Riencourt-lez-Cagnicourt et de Souchez.

Le prêtre distingué dont le nom vient s'ajouter au douloureux nécrologe de la présente année, naquit à Vimy le 3 septembre 1804. Il avait atteint l'âge de seize ans qu'il ne paraissait songer à autre chose qu'à sauver son âme dans l'humble situation où sa naissance l'avait placé. Mais Dieu le mit en face d'un homme qui, témoin de sa piété et garant de ses aptitudes, y sut discerner des signes non équivoques de vocation.

Après mûr examen, M. Dumont, doyen de Vimy, appela un jour Jean-Baptiste Hélard, lui dit qu'il devait être prêtre, et s'offrit à le mettre sur la voie. Le moment venu d'écouter d'autres maîtres, le jeune latiniste se présenta au concours pour entrer au petit séminaire. On était en pleine Restauration, à cette époque d'efflorescence universelle, où la France, rendue à elle-même, reposée de longues années de guerres et d'agitations révolutionnaires, se sentant libre et protégée sous l'égide d'une royauté paternelle, se laissait aller à la noblesse de ses instincts, produisait avec une fécondité dont on n'avait point vu d'exemple, toute une génération de littérateurs et d'artistes, et inspirait aux plus parfaits de ses enfants la pensée depuis longtemps inconnue de se dévouer dans le sacerdoce. Partout les séminaires étaient remplis, et, à Arras, deux cent quatre candidats se présentaient, cette année-là, au concours.

Jean-Baptiste Hélard arriva au quatrième rang dans sa classe ; mais le premier seul fut admis. Bien avisé, Hélard se dit que le plus sûr moyen de réussir l'année suivante était de suivre quand même le cours public. Il obtint le vivre et le couvert dans une maison chrétienne d'Arras, chez M. Béru ; il fit ainsi sa cinquième au collège d'Arras, en qualité d'externe. Pour sa quatrième, il put entrer au petit séminaire. Son séjour au grand séminaire ne dura que deux ans et trois mois. Aux Quatre-Temps de Noël 1830, il fut appelé à la prêtrise. Comme il se récriait, suppliant son supérieur de lui permettre de terminer sa troisième année de théologie, M. Dubois lui demanda si par hasard il ne voulait pas être prêtre et s'il ne se sentait point de goût pour le saint ministère. Comme il avait suivi l'inspiration de M. le doyen Dumont, il obéit avec la même docilité à l'ordre de M. Dubois.

Le mois suivant, janvier 1831, il fut nommé à Riencourt-lez-Cagnicourt, paroisse laissée sans curé depuis la Révolution, et, dans les derniers temps, desservie par le curé d'Hendecourt, ecclésiastique fort âgé, qui ne pouvait aller à son binage que quand les nécessités du service l'exigeaient. Là, tout était à faire. L'autel même tombait en ruines, à tel point que le jeune curé dut le consolider de ses propres mains. On peut penser ce qu'il en devait être du reste de l'église et de l'état des âmes. La commune n'avait point non plus de presbytère. L'abbé Hélard dut se loger dans une maison particulière, où il avait à sa disposition une petite chambre et deux espèces d'alcôves plus petites encore. Cette situation dura huit ans.

Dans l'intervalle, bien des ruines morales et matérielles avaient été réparées. En 1839, M. Hélard pouvait espérer jouir du fruit de ses travaux, à telles enseignes qu'après quarante ans sa mémoire est en vénération à Riencourt comme s'il n'en était sorti que d'hier; un presbytère était bâti, qu'il habitait depuis environ six semaines, lorsque l'ennui d'avoir à lutter contre une personnalité hostile le porta à demander son changement.

Deux paroisses étaient alors vacantes dans le canton de Vimy : Izel-lez-Equerchin et Souchez. Dans la pensée de l'évêché, l'une de ces deux paroisses était destinée à l'abbé Hélard. Mgr de la Tour d'Auvergne était dans l'incertitude à ce sujet,

lorsque se présenta au palais épiscopal un ecclésiastique qui connaissait à la fois le curé de
Riencourt et la paroisse de Souchez. Par sa pru-
dence, sa charité, son caractère tout ensemble
conciliant et ferme, l'abbé Hélard convient par-
faitement à Souchez, poste qui exige des ménagements tout particuliers. Ainsi opina l'ecclésiastique dont Sa Grandeur daignait demander l'avis.
Cet avis fut suivi. M. Hélard se rendit donc à
Souchez, où il resta trente-huit ans.

Son vœu eût été de mourir au milieu de ses
paroissiens, dans l'exercice du saint ministère,
et ce désir bien naturel aurait pu être satisfait, si
son petit-neveu et filleul, M. l'abbé Sauvage,
alors curé de Simencourt, lui avait été donné
pour auxiliaire avec future succession, lorsque,
en 1877, l'affaiblissement de sa santé, l'étendue
de la paroisse de Souchez et l'éloignement du
cimetière ne lui permirent plus de suffire seul à
la besogne. L'autorité épiscopale s'était la première
prononcée dans ce sens. Mais différentes considé-
rations et des raisons d'ordre administratif en
firent autrement décider. M. l'abbé Sauvage fut
transféré de Simencourt à Blairville, et M. Hélard,
qui ne vit jamais dans la volonté de ses supérieurs
que l'expression de la volonté divine, vint rejoin-
dre son filleul dans cette excellente paroisse, où
Dieu lui devait accorder deux années pour se
préparer à la mort des justes. Il mourut au presbytère de Blairville, le dimanche 14 décembre

1879, en la solennité de l'Immaculée-Conception, et ses funérailles eurent lieu le mercredi suivant, dans l'église de cette paroisse, entièrement tendue de noir, au milieu d'un nombreux concours de prêtres, de parents, d'amis et de toute la population de Blairville.

Nous avons suivi M. Hélard dans les différentes étapes de son pèlerinage. Ce qu'il y fut, quels exemples il y donna, M. le chanoine Magniez, doyen de Rivière, appelé à faire l'éloge du défunt, nous le montra en termes émus, en lui appliquant avec un parfait à-propos ce texte de nos saints livres : « *Dilectus Deo et hominibus, cujus memoria in benedictione est ;* Il a été aimé de Dieu et des hommes, et sa mémoire sera en bénédiction.»

M. Hélard s'est concilié le cœur de Dieu par sa foi, son zèle et sa fidélité. Cette foi qui l'avait signalé au doyen de Vimy, l'a accompagné dans ses études, dans ses paroisses, et suivi jusqu'à la tombe. Il vivait vraiment de la foi. Non seulement elle se manifestait dans son attitude lorsqu'il offrait le saint sacrifice, qu'il administrait les sacrements ou qu'il se prosternait devant le tabernacle ; elle vivifiait tous ses actes, même les plus vulgaires ; elle éclatait dans ses entretiens, se révélait dans toutes ses lettres intimes. Nous avons lu quelques-unes de ces lettres, et il nous a été assez donné de l'approcher lui-même dans les derniers temps pour ratifier absolument le témoignage de son panégyriste.

**

La qualité maîtresse du prêtre chargé d'une paroisse est le zèle. Pour redire les œuvres que le zèle inspira à M. Hélard, il faudrait le suivre pas à pas dans sa longue carrière, le montrer agissant sans cesse pour procurer la gloire de Dieu et la sanctification des âmes, sans cesse s'ingéniant à trouver de nouveaux moyens, de pieuses industries pour remplir sans reproche sa charge de bon et vigilant pasteur. Les bornes qui nous sont imposées nous obligent à noter seulement et à prendre sur le vif ce qui se présente de plus saillant dans la vie du curé de Souchez. L'enseignement de la doctrine était à ses yeux le premier des devoirs. Il n'y manqua jamais, soit qu'il s'agît de l'exposer aux enfants du catéchisme, ou de la développer avec plus d'ampleur du haut de la chaire. Ce qui est remarquable, c'est son respect pour la parole sainte. Il était orateur ; sa parole solennelle, grave et à la fois pleine d'onction, était fort goûtée dans les adorations et autres cérémonies. Un instant de récollection devait lui suffire pour faire un petit prône : il ne l'entendait point ainsi : tous ses sermons, tous ses prônes étaient écrits, mis au net, et il y a peu de prêtres qui en aient laissé une pareille collection.

Dans l'impossibilité d'entrer dans le détail, il faut se borner à signaler son zèle pour la beauté de la maison de Dieu. A Riencourt, nous l'avons dit, tout était à faire : il y laissa une église décente et convenablement meublée. A Souchez, il s'occupa constamment de l'embellissement du lieu saint. Une œuvre méritoire entre toutes est celle qui a pour objet le recrutement du sacerdoce. Du reste, rechercher, façonner des ouvriers pour la vigne du Seigneur est, pour la plupart d'entre nous, une dette de reconnaissance, une œuvre de solidarité dans le vrai sens de ce mot profané. Déjà, à Vimy, pendant ses vacances, l'abbé Hélard s'était plu à donner des leçons à deux jeunes gens qui exercent encore maintenant le saint ministère, M. Haudoux, curé de Graincourt, et M. Desgardins, curé de Boisleux-au-Mont. A Riencourt, il se chargea de la première éducation de M. Chelers, aujourd'hui curé du Transloy; M. Chelers se fit un devoir de rendre un dernier hommage à son ancien maître en venant dire la messe pour lui dans l'église de Blairville au jour de ses funérailles. On pense bien que l'éducation chrétienne de l'enfance ne fut pas la moindre préoccupation du zélé pasteur. Quand il arriva à Souchez, cette paroisse n'avait point d'école de filles régulièrement constituée. Au reste, c'était la situation générale des paroisses rurales avant la loi de 1850. M. Hélard n'attendit point cette loi. Il trouva, d'ailleurs, chez M. Waast le Sergeant d'Hendecourt, l'un de ses trois châtelains, un homme tout disposé à seconder son zèle. Le presbytère était trop éloigné de l'église : M. Waast en fit construire un autre mieux placé pour le curé, et appropria l'ancien à usage d'école; puis il appela des religieuses de la Sainte-Famille d'Amiens.

Il faut laisser à chacun le mérite de ses œuvres, et il pourrait paraître excessif d'attribuer à l'abbé Hélard l'asile du Sacré-Cœur fondé à Souchez sous son administration. On sait, en effet, que ce précieux établissement est dû à la charité d'une simple servante, Melle Elise Lemoiné, qui y consacra les économies des trente années qu'elle avait passées chez M. Waast d'Hendecourt. Cette pieuse fille, qui réalisait ainsi les généreuses intentions de son ancien maître, ouvrit un asile aux vieillards abandonnés. Plus tard, elle songea à assurer la perpétuité de son œuvre, et, pour cela, elle céda sa maison aux Franciscaines de Calais, prenant elle-même le cordon du tiers-ordre. L'hospice de Souchez a attiré l'attention de notre excellent Conseil général, qui, l'année dernière, y a fondé quinze lits pour les incurables du département. Melle Elise Lemoine est morte, en septembre dernier, pleine de mérites devant Dieu et devant les hommes. Mais, sans rien retrancher de l'éloge qui est dû à cette fille, n'est-il pas permis de dire que M. Hélard fut constamment l'ami et le confident de M. Waast, et que, pendant trente-huit ans, Melle Lemoine n'eut pas d'autre directeur que le bon curé de Souchez? S'il n'inspira point ses résolutions, il n'est pas téméraire de penser qu'il les encouragea.

Une autre création suivit celle de l'hospice; ce

fut celle d'une salle d'asile qui s'ouvrit aux plus jeunes enfants. L'initiative de cette œuvre appartient, pensons-nous, à M. Morel. La maison de la Sainte-Famille n'ayant pu fournir une Sœur de plus pour la direction de cet asile, on le confia aux religieuses franciscaines. D'ailleurs, l'asile était établi dans une dépendance de l'hospice. Bientôt il parut que le passage d'une école dans une autre, sous une direction différente, présentait diverses difficultés. Désormais, les trois établissements, l'école des filles, l'asile et l'hospice, sont sous la direction des religieuses franciscaines. L'école des filles, installée dans un immeuble appartenant à la fabrique, est entretenue par les deniers de la commune.

M. Hélard fut aussi un prêtre fidèle. Tout pour Dieu, telle était sa devise. Il s'était fait un règlement plein de sagesse, ni trop doux, ni trop rigide, et y conformait scrupuleusement sa vie. Au témoignage de l'un de ses neveux, le Frère directeur Elisée, des Ecoles chrétiennes de Lille, qui fut élevé au presbytère de Souchez, il suffisait d'avoir vécu huit jours auprès de M. Hélard pour connaître toute sa vie intime. Méditation, messe, déjeuner, petites heures, visite des malades, étude de la théologie et de l'Ecriture sainte, voilà pour la matinée. Le reste de la journée était plus libre, et ne comportait d'obligation rigoureuse que celle du bréviaire, du chapelet et de la visite au Saint-Sacrement. Cette régularité, cette exactitude, cette ponctualité, il les observa jusqu'au dernier moment. Il récita son bréviaire et célébra la sainte messe jusqu'au jour où il tomba pour ne plus se relever.

De même, ce fut toujours un bonheur pour lui de pouvoir exercer quelques fonctions du saint ministère. Retiré à Blairville, bien des fois il revendiqua l'honneur d'officier à la messe solennelle ; il prêcha, il confessa, il administra le saint baptême. M. le doyen de Rivière nous le disait avec raison, quand M. Hélard rentrait au presbytère de Blairville après avoir rempli quelqu'une de ces fonctions saintes, c'était chez lui comme un rajeunissement. Il se trouva particulièrement heureux à la Pentecôte et à la Trinité de l'année 1878.

Notre regretté ami M. Ansart, qui avait célébré les saints offices à Wailly, pendant quelques dimanches, après la mort de M. Béru, avait dû renoncer à ce déplacement trop fatigant pour sa santé, et, d'autre part, nous n'étions pas encore à notre poste. On s'adressa à M. Hélard. Bien accueilli, religieusement écouté, le bon vieillard se prit d'affection pour la paroisse de Wailly, et, certes, nous lui aurions fait de la peine si, en août 1878 et 1879, prenant quelques jours de vacances, nous ne lui avions pas délégué nos pouvoirs. Chanter la messe en notre place, faire un petit prône, présider la distribution des prix du pensionnat de Melle Lefebvre, ce fut pour lui une fête. Il se croyait revenu aux anciens jours.

Hélas! il arriva un moment où il dut renoncer à tout ce qui avait fait son bonheur. Mais cette épreuve ne dura que quelques semaines, semaines d'accablement et de vives souffrances, qui devaient achever d'épurer sa belle âme. Même alors, docile aux pieuses suggestions de son confesseur ou de son filleul, il secouait de temps à autre sa torpeur, il baisait son crucifix, il lançait vers son Dieu un trait d'amour : jusqu'à la fin il a été fidèle. Entrez donc, bon et fidèle serviteur, sous les auspices de Marie immaculée, entrez dans la joie du Seigneur votre Dieu.

L'art de se faire aimer est un art bien difficile, dit M. le doyen de Rivière, mais aussi un art bien nécessaire pour la direction d'une paroisse. Etre sourd, muet, aveugle, ne s'émouvoir de rien, montrer en toute circonstance une tolérance inaltérable, cela suffit, sans doute, avec une tenue honnête, pour obtenir une grande popularité parmi la foule et passer pour galant homme auprès des grands. Mais M. le curé de Souchez n'avait que faire de cette popularité de mauvais aloi : il se fit aimer en imitant le divin Maître; il aima le premier ses paroissiens, il se sacrifia et se dévoua pour tous. Il savait rendre la vérité aimable, et surtout reprendre sans blesser. On l'aimait à cause de sa douce simplicité, de ses manières affectueuses et charmantes, autant qu'on éprouvait de respect pour sa dignité personnelle et d'admiration pour ses vertus. Il avait près de lui trois grandes maisons, M. d'Héricourt, M. Waast, M. Morel, toutes trois chrétiennes, mais dont la réunion dans une seule paroisse exigeait infiniment de tact et de ménagements. Jusqu'au dernier jour, M. Hélard, qui ne connaissait point l'envie démocratique, parce qu'il avait été élevé dans le respect des supériorités sociales, fréquenta ces trois maisons, sans pourtant jamais se livrer ni compromettre l'indépendance de son ministère.

Le village de Souchez était un centre de communications et un lieu de passage très fréquenté avant l'ouverture du chemin de fer. De là, quantité d'abus et de désordres contre lesquels devait s'élever la vigilance du pasteur. M. Hélard ne négligea point ce devoir ; mais il sut l'accomplir sans blesser qui que ce fût. Son principe était : Avant tout et par-dessus tout, la charité.

Aussi n'avait-il point d'ennemis, et ses amis étaient nombreux. On le vit bien à ses funérailles. M. le comte d'Héricourt et sa sœur y parurent au premier rang, heureux de rendre hommage à l'ami de leur père, au prêtre qui avait guidé leurs premiers pas dans la voie du bien...

M. Hélard a donc été aimé des hommes comme il a été aimé de Dieu. C'est pourquoi sa mémoire sera en bénédiction.

Elle sera en bénédiction dans le cœur de son

évêque, dont les prières adoucirent son agonie et s'unirent aux nôtres le jour des obsèques.

Elle sera en bénédiction dans sa famille. Non pas qu'il l'ait enrichie. Après un ministère de cinquante ans, M. Hélard, nous disait le frère Elisée, ne laisse presque rien à ses héritiers, juste de quoi subvenir à ses funérailles et à l'acquittement des trois cents messes qu'il réclame. Mais il a aimé les siens ; il les a soutenus, dirigés ; il a eu le bonheur de leur imprimer les principes de foi qui l'ont toujours animé lui-même, et, deux fois depuis un an, il prit part à leurs joies, à l'occasion de l'heureux établissement de deux de ses petits-neveux, qui lui étaient devenus d'autant plus chers qu'ils étaient à demi orphelins.

La mémoire de M. Hélard sera en bénédiction à Riencourt, à Souchez, à Blairville, chez tous ceux qui ont pu l'approcher, et qui n'ont jamais vu en lui qu'un cœur dévoué et un prêtre selon Dieu.

L'abbé FROMENTIN

Lille. Typ. J. Lefort. 1880